रंग बिरंगी ग़ज़लेँ

(40 ग़ज़लों का इंतिख़ाब)

संकलित:

मुकर्रम नियाज़

© Taemeer Publications

Rang birangi ghazlein *(Ghazals Collection)*

By: Mukarram Niyaz

Edition: October '2025

Publisher:

Taemeer Publications LLC (Michigan, USA / Hyderabad, India)

ISBN 978-93-6908-325-1

9 789369 083251

Book	:	रंग बिरंगी ग़ज़लें
Compiler	:	मुकर्रम नियाज़
Publisher	:	Taemeer Publications
Year	:	'2025
Pages	:	68
Title Design	:	*Taemeer Web Design*

प्रस्तावना

यह परिचय वक्त की कहानी को बड़े ही दिलचस्प अंदाज में बयान करता है, जो हर पल हमारे जिंदगी में बदलाव और उतार-चढ़ाव लाता रहता है। हर गुजरते लम्हे के साथ, जिंदगी के अलग-अलग रंग और अंदाज सामने आते हैं। यह बदलाव या तो हमारे जज़्बात में झलकता है या फिर साहित्य और कला की दुनिया में। खास तौर पर उर्दू शायरी और खास कर उर्दू ग़ज़ल में हमें ये तब्दीलियां साफ नज़र आती हैं। यही वो शायरी है, जिसमें वक़्त के बयान के साथ-साथ सामाजिक मसले भी दिखते हैं।

ग़ज़ल का सफ़र अपने रास्ते में कई मंजिलें तय कर चुका है। ये मंजिलें पुरानी कहानियों, लोककथाओं और अंदाज़ से होकर गुज़री हैं, जिनमें जिंदगी की असली हकीकतें और सामाजिक सवाल-जवाब साफ दिखाई देते हैं। इस सफ़र में नई शायरी के अंदाज़ और नए ढंग भी जगह बनाते गए हैं, जो मुद्दे के साथ मेल खाते हैं। आजकल की ग़ज़लों में नई सोच और जोश की झलक मिलती है, जो

हमें यह सोचने पर मजबूर कर देती है कि शायरी और साहित्य कभी भी स्थिर नहीं रहते, वह हर दौर के साथ बदलते रहते हैं।

यह किताब इन सारी नई और ताजा भावनाओं से भरी ग़ज़लों का बहुत ही खास संग्रह है, जिसे देवनागरी लिपि में पेश किया गया है। यह संकलन उन तमाम पढ़ने वालों के लिए एक अनमोल तोहफा है, जो न सिरफ उर्दू की खूबसूरती को समझना चाहते हैं, बल्कि उसकी मौजूदा रचनाओं से भी वाकिफ़ होना चाहते हैं। ये ग़ज़लें अपने समाज, अपनी सोच और अपनी आदतों से बातें करने का मौका देती हैं, और साथ ही हमें नए विचारों के साथ तालमेल बिठाने की प्रेरणा भी देती हैं। इस तरह, यह किताब एक सफर है, जो हमें आज के साथ-साथ आने वाले कल का भी रास्ता दिखाती है।

मुकर्रम नियाज़

1

अनवर शऊर

मैं ख़ाक हूँ आब हूँ हवा हूँ

मैं ख़ाक हूँ आब हूँ हवा हूँ
और आग की तरह जल रहा हूँ

तह-ख़ाना-ए-ज़ेहन में न जाने
क्या शय है जिसे टटोलता हूँ

दुनिया को नहीं है मेरी परवा
मैं कब उसे घास डालता हूँ

अच्छों को तो सब ही चाहते हैं
है कोई के कहे मैं बुरा हूँ

पाता हूँ उसे भी अपनी जानिब
मुड़ कर जो किसी को देखता हूँ

बचना है मुहाल इस मर्ज़ में
जीने के मर्ज़ में मुब्तला हूँ

औरों से तो इज्तिनाब था ही
अब अपने वजूद से ख़फ़ा हूँ

बाक़ी हैं जो चंद रोज़ वो भी
तक़दीर के नाम लिख रहा हूँ

कहता हूँ हर एक बात सुन कर
ये बात तो मैं भी कह चुका हूँ

***

2

अनवर शऊर

ये ख़ुद को देखते रहने की है जो

ये ख़ुद को देखते रहने की है जो ख़ू मुझ में
छुपा हुआ है कहीं वो शगुफ़्ता-रू मुझ में

माह ओ नुजूम को तेरी जबीं से निस्बत दूँ
अब इस क़दर भी नहीं आदत-ए-ग़ुलू मुझ में

तग़य्युरात-ए-जहाँ दिल पे क्या असर करते
है तेरी अब भी वही शक्ल हू-ब-हू मुझ में

रफ़ू-गरों ने अजब तबा-आज़माई की
रही सिरे से न गुंजाइश-ए-रफ़ू मुझ में

वो जिस के सामने मेरी ज़बाँ नहीं खुलती
उसी के साथ तो होती है गुफ़्तुगू मुझ में

ख़ुदा करे के उसे दिल का रास्ता मिल जाए
भटक रही है कोई चाप कू-ब-कू मुझ में

उस एक ज़ोहरा-जबीं के तुफ़ैल जारी है
तमाम ज़ोहरा-जबीनों की जुस्तुजू मुझ में

नहीं पसंद मुझे शेर ओ शाएरी करना
कभी कभार बस उठती है एक हू मुझ में

मैं ज़िंदगी हूँ मुझे इस क़दर न चाह 'शुऊर'
मुसाफ़िराना इक़ामत-गुज़ीं है तू मुझ में

***

3

अनवर शऊर

न सह सकूँगा ग़म-ए-ज़ात को

न सह सकूँगा ग़म-ए-ज़ात को अकेला मैं
कहाँ तक और किसी पर करूँ भरोसा मैं

हुनर वो है के जियूँ चाँद बन कर आँखों में
रहूँ दिलों में क़यामत की तरह बरपा मैं

वो रंग रंग के छींटे पड़े के उस के बाद
कभी न फिर नए कपड़े पहन के निकला मैं

न सिर्फ़ ये के ज़माना ही मुझ पे हँसता है
बना हुआ हूँ ख़ुद अपने लिए तमाशा मैं

मुझे समेटने आया भी था कोई जिस वक़्त
दयार ओ दश्त ओ दमन में बिखर रहा था मैं

ये किस तरह की मोहब्बत थी कैसा रिश्ता था
के हिज्र ने न रुलाया उसे न तड़पा मैं

पड़ा रहूँ न क़फ़स में तो क्या करूँ आख़िर
के देखता हूँ बहुत दूर तक धुँदलका मैं

बहुत मलूल हूँ ऐ सूरत आश्ना तुझ से
के तेरे सामने क्यूँ आ गया सरापा मैं

यही नहीं के तुझी को न थी उम्मीद ऐसी
मुझे भी इल्म नहीं था के ये करूँगा मैं

मैं ख़ाक ही से बना था तू काश यूँ बनता
के उस के हाथ से गिरते ही टूट जाता मैं

***

4

अनवर शऊर

हो गए दिन जिन्हें भुलाए हुए

हो गए दिन जिन्हें भुलाए हुए
आज कल हैं वो याद आए हुए

मैं ने रातें बहुत गुज़ारी हैं
सिर्फ़ दिल का दिया जलाए हुए

एक उसी शख़्स का नहीं मज़कूर
हम ज़माने के हैं सताए हुए

सोने आते हैं लोग बस्ती में
सारे दिन के थके थकाए हुए

मुस्कुराए बग़ैर भी वो होंट
नज़र आते हैं मुस्कुराए हुए

गो फ़लक पे नहीं पलक पे सही
दो सितारे हैं जगमगाए हुए

ऐ 'शुऊर' और कोई बात करो
हैं ये क़िस्से सुने सुनाए हुए

***

5

अनवर शऊर

ज़हर की चुटकी ही मिल जाए बराए

ज़हर की चुटकी ही मिल जाए बराए दर्द-ए-दिल
कुछ न कुछ तो चाहिए बाबा दवा-ए-दर्द-ए-दिल

रात को आराम से हूँ मैं न दिन को चैन से
हाए है वहशत-ए-दिल हाए हाए दर्द-ए-दिल

दर्द-ए-दिल ने तो हमें बे-हाल कर के रख दिया
काश कोई और ग़म होता बजाए दर्द-ए-दिल

उस ने हम से ख़ैरियत पूछी तो हम चुप हो गए
कोई लफ़्ज़ों में भला कैसे बताए दर्द-ए-दिल

दो बालाएँ आज कल अपनी शरीक-ए-हाल हैं
इक बलाए दर्द-ए-दुनिया इक बलाए दर्द-ए-दिल

ज़िंदगी में हर तरह के लोग मिलते हैं 'शुऊर'
आश्ना-ए-दर्द-ए-दिल ना-आश्ना-ए-दर्द-ए-दिल

***

1

अम्बर बहराईची

अब क़बीले की रिवायत है बिखरने वाली

अब क़बीले की रिवायत है बिखरने वाली
हर नज़र ख़ुद में कोई शहर है भरने वाली

ख़ुश-गुमानी ये हुई सूख गया जब दरिया
रेत से अब मिरी कश्ती है उभरने वाली

ख़ुशबुओं के नए झोंके हैं हर इक धड़कन में
कौन सी रूत है मिरे दिल में ठहरने वाली

कुछ परिंदे हैं मगन मौसमी परवाज़ों में
एक आँधी है पर-ओ-बाल कतरने वाली

हम भी अब सीख गए सब्ज़ पसीने की ज़बाँ
संग-ज़ारों की जबीनें हैं सँवरने वाली

तेज़ धुन पर थे सभी रक़्स में क्यूँ कर सुनते
चंद लम्हों में बलाएँ थीं उतरने वाली

बस उसी वक़्त कई ज्वाला-मुखी फूट पड़े
मोतियों से मिरी हर नाव थी भरने वाली

ढक लिया चाँद के चेहरे को सियह बादल ने
चाँदनी थी मिरे आँगन में उतरने वाली

***

2
अम्बर बहराईची
जगमगाती रौशनी के पार क्या था देखते

जगमगाती रौशनी के पार क्या था देखते
धूल का तूफ़ाँ अंधेरे बो रहा था देखते

सब्ज़ टहनी पर मगन थी फ़ाख़्ता गाती हुई
एक शकरा पास ही बैठा हुआ था देखते

हम अंधेरे टापुओं में ज़िंदगी करते रहे
चाँदनी के देस में क्या हो रहा था देखते

जान देने का हुनर हर शख़्स को आता नहीं
सोहनी के हाथ में कच्चा घड़ा था देखते

ज़ेहन में बस्ती रही हर बार जूही की कली
बैर के जंगल से हम को क्या मिला था देखते

आम के पेड़ों के सारे फल सुनहरे हो गए
इस बरस भी रास्ता क्यूँ रो रहा था देखते

उस के होंटों के तबस्सुम पे थे सब चौंके हुए
उस की आँखों का समुंदर क्या हुआ था देखते

रात उजले पैरहन वाले थे ख़्वाबों में मगन
दूधिया पूनम को किस न डस लिया था देखते

बीच में धुँदले मनाज़िर थे अगरचे सफ़-ब-सफ़
फिर भी 'अम्बर' हाशिया तो हँस रहा था देखते

***

3

अम्बर बहराईची

फिर उस घाट से ख़ुश्बू ने बुलावे भेजे

फिर उस घाट से ख़ुश्बू ने बुलावे भेजे
मेरी आँखों ने भी ख़ुशआब नगीने भेजे।

मुद्दतों, उसने कई चाँद उतारे मुझमें
क्या हुआ? उसने जो इक रोज़ धुंधलके भेजे।

मैंने भी उसको कई ज़ख़्म दिए दानिस्ता
फिर तो उसने मेरी हर सांस को गजरे भेजे।

मैं तो उस दश्त को चमकाने गया था, उसने
बेसबब, मेरे तआक़ुब में उजाले भेजे।

चाँद निकलेगा तो उछलेगा समंदर का लहू
धुंध की ओट से उसने भी इशारे भेजे।

मोर ही मोर थे हर शाख पे संदल की मगर
ढूँढ़ने साँप वहाँ, उसने सपेरे भेजे।

मेरी वादी में वहीं सूर्ख़ बगूले हैं अभी
मैंने इस बार भी सावन को क़सीदे भेजे।

दस्तोपा कौनसे 'अम्बर' वो मशक़्क़त कैसी
उसकी रहमत, कि मुझे सब्ज़ नवाले भेजे।

***

4

अम्बर बहराईची

शब ख़्वाब के ज़जीरों में हँस कर गुज़र गई

शब ख़्वाब के ज़जीरों में हँस कर गुज़र गई
आँखों में वक़्त-ए-सुब्ह मगर धूल भर गई

पिछली रूतों में सारे शजर बारवर तो थे
अब के हर एक शाख़ मगर बे-समर गई

हम भी बढ़े थे वादी-ए-इज़हार में मगर
लहजे के इंतिशार से आवाज़ मर गई

तुझ फूल के हिसार में इक लुत्फ़ है अजब
छू कर जिसे हवा-ए-तरब-ए-मोतबर गई

दिल में अजब सा तीर तराज़ू है इन दिनों
हाँ ऐ निगाह-ए-नाज़ बता तू किधर गई

मक़्सद सला-ए-आम है फिर एहतियात क्यूँ
बे-रंग रौज़नों से जो ख़ुशबू गुज़र गई

उस के दयार में कई महताब भेज कर
वादी-ए-दिल में इक अमावस ठहर गई

अब के क़फ़स से दूर ही मौसमी हवा
आज़ाद ताएरों के परों को कतर गई

आँधी ने सिर्फ़ मुझ को मुसख़्ख़र नहीं किया
इक दश्त-ए-बे-दिली भी मिरे नाम कर गई

फिर चार-सू कसीफ़ धुएँ फैलने लगे
फिर शहर की निगाह तेरे क़स्र पर गई

अल्फ़ाज़ के तिलिस्म से 'अम्बर' को है शग़फ़
उस की हयात कैसे भला बे-बुनर गई

***

5

अम्बर बहराईची

जलते हुए जंगल से गुज़रना था हमें भी

जलते हुए जंगल से गुज़रना था हमें भी
फिर बर्फ़ के सहरा में ठहरना था हमें भी

मे'आर-नावाज़ी में कहाँ उस को सुकूँ था
उस शोख़ की नज़रों से उतरना था हमें भी

जाँ बख़्श था पल भर के लिए लम्स किसी का
फिर कर्ब के दरिया में उतरना था हमें भी

यारों की नज़र ही में न थे पँख हमारे
ख़ुद अपनी उड़ानों को कतरना था हमें भी

वो शहद में डूबा हुआ लहजा वो तख़ातुब
इख़्लास के वो रंग कि डरना था हमें भी

याद आए जो क़द्रों के महकते हुए गुलबन
चाँदी के हिसारों से उभरना था हमें भी

सोने के हंडोले में वो ख़ुश-पोश मगन था
मौसम भी सुहाना था सँवरना था हमें भी

हर फूल पे उस शख़्स को पत्थर थे चलाने
अश्कों से हर इक बर्ग को भरना था हमें भी

उस को था बहुत नाज़ ख़द्द-ओ-ख़ाल पे 'अम्बर'
इक रोज़ तह-ए-ख़ाक बिखरना था हमें भी

***

1

अशअर नजमी

तेरे बदन की धूप से महरूम कब हुआ

तेरे बदन की धूप से महरूम कब हुआ
लेकिन ये इस्तिआरा भी मंजूम कब हुआ

वाक़िफ़ कहाँ थे रात की सरगोशियों से हम
बिस्तर की सिलवटों से भी मालूम कब हुआ

शाख़-बदन से सारे परिंदे तो उड़ गए
सज्दा तेरे ख़याल का मक़्सूम कब हुआ

सुनसान जंगलों में है मौजूदगी की लौ
लेकिन वो एक रास्ता मादूम कब हुआ

निस्बत मुझे कहाँ रही असर-ए-ज़वाल से
मेरा वजूद सल्तनत-ए-रूम से कब हुआ

***

2
अशअर नजमी
शायद मेरी निगाह में कोई शिगाफ़ था

शायद मेरी निगाह में कोई शिगाफ़ था
वरना उदास रात का चेहरा तो साफ़ था

इक लाश तैरती रही बर्फ़ीली झील में
झूठी तसल्लियों का अमीं ज़ेर-ए-नाफ़ था

बोसों की राख में थे सुलगते शरार-ए-लम्स
चेहरे की सिलवटों में कोई इंकिशाफ़ था

दोज़ख के गिर्द गूँगें फ़रिश्ते थे महव-ए-रक़्स
और पिस्लियों की टीस पे मिला गिलाफ़ था

खिड़की से झाँकता हुआ वो पुर-ग़ुरूर सर
ताज़ा हवा से उस का कोई इख़्तिलाफ़ था

रस्ते फ़रार के सभी मसदूद तो न थे
अपनी शिकस्त का मुझे क्यूँ एतराफ़ था

***

3

अशअर नजमी

मसला ये तो नहीं की सिन-रसीदा कौन था

मसला ये तो नहीं की सिन-रसीदा कौन था
हाँ मगर महफ़िल में तेरी बर-गुज़ीदा कौन था

फ़ैसला जिस का भी था तेरा नहीं मेरा सही
वक़्त-ए-रूख़्सत सर झुकाए आब-दीदा कौन था

एक क़तरे की तलब और था समंदर सामने
बज़्म-ए-याराँ में भला वो बद-अक़ीदा कौन था

तुम भी थे सरशार मैं भी ग़र्क-ए-बहर-ए-रंग-ओ-बू
फिर भला दोनों में आख़िर ख़ुद-कशीदा कौन था

***

4
अशअर नजमी
हम तह-ए-दरिया तिलिस्मी बस्तियाँ गिनते रहे

हम तह-ए-दरिया तिलिस्मी बस्तियाँ गिनते रहे
अरू साहिल पर मछेरे मछलियाँ गिनते रहे

ना-तवाँ शानों पे ऐसी ख़ामुशी का बोझ था
अपने उस के दरमियाँ भी सीढ़ियाँ गिनते रहे

बज़्म-ए-जाँ चुपके चुपके ख़्वाब सब रूख़्सत हुए
हम भला करते भी क्या बस गिनतियाँ गिनते रहे

बाँस के जंगल से हो के जब कभी गुज़री हवा
इक सदा-ए-गुम-शुदा की धज्जियाँ गिनते रहे

किस हवा ने डस लिया है रंग ओ रोग़न उड़ गए
सहन-ए-दिल से इस मकाँ की खिड़कियाँ गिनते रहे

पहलू-ए-शब कल इसी चेहरे से रौशन था मगर
जाने कितने मौसमों की तल्ख़ियाँ गिनते रहे

***

5

अशअर नजमी

रफ़्ता रफ़्ता ख़त्म क़िस्सा हो गया होना ही था

रफ़्ता रफ़्ता ख़त्म क़िस्सा हो गया होना ही था
वो भी आख़िर मेरे जैसा हो गया होना ही था

दश्त-ए-इम्काँ में ये मेरा मश्ग़ला भी ख़ूब है
रौज़न-ए-दीवार चेहरा हो गया होना ही था

डूबता सूरज तुम्हारी याद वापस कर गया
शाम आई ज़ख़्म ताज़ा हो गया होना ही था

अहद-ए-ज़ब्त-ए-ग़म पे क़ाइम था दम-ए-रूख़्सत मगर
वो सुकूत-ए-जाँ भी दरिया हो गया होना ही था

अब तू ही ये फ़ासला तय कर सके तो कर भी ले
मैं तो ख़ुद अपना ही जीना हो गया होना ही था

मैं ने भी परछाइयों के शहर की फिर राह ली
और वो भी अपने घर का हो गया होना ही था

***

1

इफ़्फ़त ज़रीन

ज़ेहन ओ दिल के फ़ासले थे हम जिन्हें सहते रहे

ज़ेहन ओ दिल के फ़ासले थे हम जिन्हें सहते रहे
एक ही घर में बहुत से अजनबी रहते रहे

दूर तक साहिल पे दिल के आबलों का अक्स था
कश्तियाँ शोलों की दरिया मोम के बहते रहे

कैसे पहुँचे मंज़िलों तक वहशतों के क़ाफ़िले
हम सराबों से सफ़र की दास्ताँ कहते रहे

आने वाले मौसमों को ताज़गी मिलती गई
अपनी फ़स्ल-ए-आरज़ू को हम ख़िज़ाँ कहते रहे

कैसे मिट पाएँगी 'ज़रीं' ये हदें अफ़कार की
टूट कर दिल के किनारे दूर तक बहते रहे

***

2

इफ़्फ़त ज़रीन

अगर वो मिल के बिछड़ने का हौसला रखता

अगर वो मिल के बिछड़ने का हौसला रखता
तो दरमियाँ न मुक़द्दर का फ़ैसला रखता

वो मुझ को भूल चुका अब यक़ीन है वरना
वफ़ा नहीं तो जफ़ाओं का सिलसिला रखता

भटक रहे हैं मुसाफ़िर तो रास्ते गुम हैं
अँधेरी रात में दीपक कोई जला रखता

महक महक के बिखरती हैं उस के आँगन में
वो अपने घर का दरीचा अगर खुला रखता

अगर वो चाँद की बस्ती का रहने वाला था
तो अपने साथ सितारों का क़ाफ़िला रखता

जिसे ख़बर नहीं ख़ुद अपनी ज़ात की 'ज़रीं'
वो दूसरों का भला किस तरह पता रखता

***

3

इफ़्फ़त ज़रीन

घबरा गए हैं वक़्त की तंहाइयों से हम

घबरा गए हैं वक़्त की तंहाइयों से हम
उकता चुके हैं अपनी ही परछाइयों से हम

साया मेरे वजूद की हद से गुज़र गया
अब अजनबी हैं आप शानासाइयों से हम

ये सोच कर ही खुद से मुख़ातिब रहे सदा
क्या गुफ़्तुगू करेंगे तमाशाइयों से हम

अब देंगे क्या किसी को ये झोंके बहार के
माँगेंगे दिल के ज़ख़्म भी पुरवाइयों से हम

'ज़रीं' क्या बहारों को मुड़ मुड़ के देखिए
मानूस थे ख़िज़ाँ की दिल-आसाइयों से हम

***

4
इफ़्फ़त ज़रीन
ख़्वाब आँखों से ज़बाँ से हर कहानी ले गया

ख़्वाब आँखों से ज़बाँ से हर कहानी ले गया
मुख़्तसर ये है वो मेरी ज़िंदगानी ले गया

फूल से मौसम की बरसातें हवाओं की महक
अब के मौसम की वो सब शामें सुहानी ले गया

दे गया मुझ को सराबों का सुकूत-ए-मुस्तक़िल
मेरे अश्कों से वो दरिया की रवानी ले गया

ख़ाक अब उड़ने लगी मैदान सहरा हो गए
रेत का तूफ़ान दरियाओं से पानी ले गया

कौन पहचानेगा 'ज़रीं' मुझ को इतनी भीड़ में
मेरे चेहरे से वो अपनी हर निशानी ले गया

***

5
इफ़्फ़त ज़रीन
मंज़िलें आईं तो रस्ते खो गए

मंज़िलें आईं तो रस्ते खो गए
आबगीने थे के पत्थर हो गए

बे-गुनाही ज़ुल्मतों में क़ैद थी
दाग़ फिर किस के समंदर धो गए

उम्र भर काटेंगे फ़सलें ख़ून की
ज़ख़्म दिल में बीज ऐसा बो गए

देख कर इंसान की बे-चारगी
शाम से पहले परिंदे सो गए

अन-गिनत यादें मेरे हम-राह थीं
हम ही 'ज़रीं' दरमियाँ में खो गए

***

1

इरफ़ान सत्तार

ख़ुश-मिज़ाजी मुझ पे मेरी बे-दिली का जब्र है

ख़ुश-मिज़ाजी मुझ पे मेरी बे-दिली का जब्र है
शौक़-ए-बज़्म-आराई भी तेरी कमी का जब्र है

कौन बनता है किसी की ख़ुद-सताई का सबब
अक्स तो बस आईने पर रौशनी का जब्र है

ख़्वाब ख़्वाहिश का अदम इस बात का ग़म विसाल का
ज़िंदगी में जो भी कुछ है सब किसी का जब्र है

अपने रद होने का हर दम ख़ौफ़ रहता है मुझे
ये मेरी ख़ुद-एतमादी ख़ौफ़ ही का जब्र है

कार-ए-दुनिया के सिवा कुछ भी मेरे बस में नहीं
मेरी सारी काम-याबी बे-बसी का जब्र है

मैं कहाँ और बे-सबाती का ये हँगामा कहाँ
ये मेरा होना तो मुझ पर ज़िंदगी का जब्र है

ये सुख़न ये ख़ुश-कलामी दर-हक़ीक़त है फ़रेब
ये तमाशा रूह की बे-रौनक़ी का जब्र है

जिस का सारा हुस्न तेरे हिज्र ही के दम से था
वो तअल्लुक अब तेरी मौजूदगी का जब्र है

शहर-ए-दिल की राह में हाइल हैं ये आसाइशें
ये मेरी आसूदगी कम-हिम्मती का जब्र है

जब्र की ताबे है हर कैफ़ियत-ए-उम्र-ए-रवाँ
आज का ग़म जिस तरह कल की ख़ुशी का जब्र है

कुछ नहीं खुलता मेरे शौक़-ए-तसर्रुफ़ का सबब
शौक़-ए-सैराबी तो मेरी तिश्नगी का जब्र है

जो सुख़न इम्कान में है वो सुख़न है बे-सुख़न
ये ग़ज़ल तो कुछ दिनों की ख़ामोशी का जब्र है

***

2

इरफ़ान सत्तार

ब-ज़ोम-ए-अक़्ल ये कैसा गुनाह मैं ने किया

ब-ज़ोम-ए-अक़्ल ये कैसा गुनाह मैं ने किया
इक आईना था उसी को सियाह मैं ने किया

ये शहर-ए-कम-नज़राँ ये दयार-ए-बे-हुनराँ
किसे ये अपने हुनर का गवाह मैं ने किया

हरीम-ए-दिल को जलाने लगा था एक ख़याल
सो गुल उसे भी ब-इक सर्द आह मैं ने किया

वही यक़ीन रहा है जवाज़-ए-हम-सफ़ारी
जो गाह उस ने किया और गाह मैं ने किया

बस एक दिल ही तो है वाक़िफ़-ए-रुमूज़-ए-हयात
सो शहर-ए-जाँ का उसे सरबराह मैं ने किया

हर एक रंज उसी बाब में किया है रक़म
ज़रा सा ग़म था जिसे बे-पनाह मैं ने किया

ये राह-ए-इश्क़ बहुत सहल हो गई जब से
हिसार-ए-ज़ात को पैवंद-ए-राह मैं ने किया

ये उम्र की है बसर कुछ अजब तवाज़ुन से
तेरा हुआ न ही ख़ुद से निबाह मैं ने किया

ख़िरद ने दिल से कहा तू जुनूँ-सिफ़त ही सही
न पूछ उस की के जिस को तबाह मैं ने किया

***

3
इरफ़ान सत्तार
छलक रही है जो मुझ में वो तिश्नगी ही न हो

छलक रही है जो मुझ में वो तिश्नगी ही न हो
वो शय जो दिल में फ़रावाँ है बे-दिली ही न हो

गुज़र रहा है तू किस से गुरेज़ करता हुआ
ठहर के देख ले ऐ दिल कहीं ख़ुशी ही न हो

तेरे सुकूत से बढ़ कर नहीं है तेरा सुख़न
मेरा सुख़न भी कहीं मेरी ख़ामोशी ही न हो

मैं शहर-ए-हिज्र से तेरी तरफ ही लौटूँगा
ये और बात के अब मेरी वापसी ही न हो

वो आज मुझ से कोई बात कहने वाला है
मैं डर रहा हूँ के ये बात आख़िरी ही न हो

न हो वो शख़्स मिज़ाजन ही सर्द-महर कहीं
मैं बे-रुख़ी जिसे कहता हूँ बे-हिसी ही न हो

ये क्या सफ़र है के जिस की मसाफ़तें गुम हैं
अजब नहीं के मेरी इब्तिदा हुई ही न हो

हर ऐतबार से रहता है बा-मुराद वो दिल
उमीद जिस ने कभी इख़्तियार की ही न हो

अजीब है ये मेरी ला-तअल्लुक़ी जैसे
जो कर रहा हूँ बसर मेरी ज़िंदगी ही न हो

ये शोलागी तो सिफ़त है अलम-नसीबों की
जो ग़म न हो तो किसी दिल में रौशनी ही न हो

कहीं ग़ुरूर का पर्दा न हो ये कम सुख़नी
ये इज्ज़ अस्ल में एहसास-ए-बरतरी ही न हो

मेरे सुपुर्द किया उस ने फ़ैसला अपना
ये इख़्तियार कहीं मेरी बे-बसी न हो

***

4

इरफ़ान सत्तार

देख मस्ती वजूद की मेरी

देख मस्ती वजूद की मेरी
ता अबद धूम मच गई मेरी

तू तवज्जोह इधर करे न करे
कम न होगी सुपुर्दगी मेरी

दिल मेरा कब का हो चुका पत्थर
मौत तो कब की हो चुकी मेरी

अब तो बर्बाद कर चुके ये कहो
क्या इसी में थी बेहतरी मेरी

मेरे ख़ुश-रंग ज़ख़्म देखते हो
यानी पढ़ते हो शाएरी मेरी

अब तेरी गुफ़्तुगू से मुझ पे खुला
क्यूँ तबीअत उदास थी मेरी

दिल में अब कोई आरज़ू ही नहीं
यानी तकमील हो गई मेरी

ज़िंदगी का मआल इतना है
ज़िंदगी से नहीं बनी मेरी

चाँद हसरत-ज़दा सा लगता है
क्या वहाँ तक है रौशनी मेरी

धूप उस की है मेरे आँगन में
उस की छत पर है चाँदनी मेरी

इक महक रोज़ आ के कहती है
मुंतज़िर है कोई गली मेरी

जाने कब दिल से आँख तक आ कर
बह गई चीज़ क़ीमती मेरी

अब मैं हर बात भूल जाता हूँ
ऐसी आदत न थी के थी मेरी

रात भर दिल में ग़ुल मचाती है
आरज़ू कोई सर-फिरी मेरी

मेरी आँखों में आ के बैठ गया
शाम-ए-फ़ुर्क़त उजाड़ दी मेरी

पहले सीने में दिल धड़कता था
अब धड़कती है बे-दिली मेरी

क्या अजब वक़्त है बिछड़ने का
देख रुकती नहीं हँसी मेरी

ख़ुद को मेरे सुपुर्द कर बैठा
बात तक भी नहीं सुनी मेरी

तेरे इंकार ने कमाल किया
जान में जान आ गई मेरी

ख़ूब बातें बना रहा था मगर
बात अब तक नहीं बनी मेरी

मैं तो पल भर जिया नहीं 'इरफ़ान'
उम्र किस ने गुज़ार दी मेरी

***

5

इरफ़ान सत्तार

अपनी ख़बर, न उस का पता है

अपनी ख़बर, न उस का पता है, ये इश्क़ है
जो था, नहीं है, और न था, है, ये इश्क़ है

पहले जो था, वो सिर्फ़ तुम्हारी तलाश थी
लेकिन जो तुम से मिल के हुआ है, ये इश्क़ है

तश्कीक है, न जंग है माबैन-ए-अक़्ल-ओ-दिल
बस ये यक़ीन है कि ख़ुदा है, ये इश्क़ है

बेहद ख़ुशी है, और है बे-इंतिहा सुकून
अब दर्द है, न ग़म, न गिला है, ये इश्क़ है

क्या रम्ज़ जाननी है तुझे अस्ल-ए-इश्क़ की?
जो तुझ में उस बदन के सिवा है, ये इश्क़ है

शोहरत से तेरी ख़ुश जो बहुत है, ये है ख़िरद
और ये जो तुझ में तुझ से ख़फ़ा है, ये इश्क़ है

ज़ेर-ए-क़बा जो हुस्न है, वो हुस्न है ख़ुदा
बंद-ए-क़बा जो खोल रहा है, ये इश्क़ है

इदराक की कमी है समझना इसे मरज़
इस की दुआ, न इस की दवा है, ये इश्क़ है

शफ़्फ़ाफ़ ओ साफ़, और लताफ़त में बे-मिसाल
सारा वजूद आईना सा है, ये इश्क़ है

यानी कि कुछ भी इस के सिवा सूझता नहीं?
हाँ तो जनाब, मसअला क्या है? ये इश्क़ है

जो अक़्ल से बदन को मिली थी, वो थी हवस
जो रूह को जुनूँ से मिला है, ये इश्क़ है

इस में नहीं है दख़्ल कोई ख़ौफ़ ओ हिर्स का
इस की जज़ा, न इस की सज़ा है, ये इश्क़ है

सज्दे में है जो महव-ए-दुआ वो है बे-दिली
ये जो धमाल डाल रहा है, ये इश्क़ है

होता अगर कुछ और तो होता अना-परस्त
उस की रज़ा शिकस्त-ए-अना है, ये इश्क़ है

'इरफ़ान' मानने में तअम्मुल तुझे ही था
मैं ने तो ये हमेशा कहा है, ये इश्क़ है

***

1

उर्मिला माधव

डूबते सूरज की समझे नातवानी तो मैं जानूँ

डूबते सूरज की समझे नातवानी तो मैं जानूँ,
और अपनी छोड़ दे ये हुक्मरानी तो मैं जानूँ,

बादशाहत के नशे में चल रहा है झूम कर तू,
बिन नशे के जी ज़रा ये ज़िंदगानी तो मैं जानूँ,

हो गए गद्दीनशीं तो मार दी दुनियां को ठोकर,
सरहदों पर झोंक दे अपनी जवानी तो मैं जानूँ,

ग़ैर मुल्कों में उड़ी हैं धज्जियाँ अपने वतन की,
चिंदियों पर लिख कोई अच्छी कहानी तो मैं जानूँ,

ख़्वाब देना आसमां के, कौनसी खूबी है इसमें,
दे ज़रा अपने वतन को कुछ निशानी तो मैं जानूँ,

***

2

उर्मिला माधव

उम्र भर को जुड़ गए हैं,आपसे जज़्बात मेरे

उम्र भर को जुड़ गए हैं, आपसे जज़्बात मेरे.
साथ बस देते नहीं हैं, आजकल हालात मेरे,

ख़ुश्क आँखों का वो मंज़र देख कर ऐसा हुआ
अश्क़ लानत दे गए हैं क्या कहूँ कल रात मेरे,

सोचती हूँ आख़िरश बाहर निकलकर क्या करूँ
दम-ब-दम जलती ज़मीं ऑ सर पै ये बरसात मेरे,

दोनों हाथों से उठा कर फेंकती रहती हूँ बाहर,
हो गई घर में ग़मों की रात-दिन इफरात मेरे,

भूल सी जाती हूँ मैं सब, मेरी दुनियां क्या हुई ?
वहशतें सी कह रही हैं कान में कुछ बात मेरे!

***

3

उर्मिला माधव

मेरे दिल की किताब रहने दे

मेरे दिल की किताब रहने दे,
चुप ही रह हर जवाब रहने दे,

चैन मिलना कोई ज़रूरी है?
ऐसा कर ,इज़्तराब रहने दे,

आँख रोती हैं जा इन्हें ले जा,
मेरे नज़दीक ख्वाब रहने दे,

एक चिलमन बहुत है परदे को
आने-जाने को बाब रहने दे,

तुझको शम्स-ओ-क़मर से तौला था,
अपनी इज़्ज़त की ताब रहने दे,

तू है मजबूर अपनी आदत से
छोड़ बाक़ी हिसाब रहने दे,

ख़ार ख़ुशबू से ख़ूब बेहतर हैं,
ले जा अपने गुलाब रहने दे

तेरी खुशियां तुझे मुबारक हों,
मुझको ख़ाना ख़राब रहने दे!

***

4
उर्मिला माधव
बात है दरअस्ल हम ख़ुद से खफा हैं

बात है दरअस्ल हम ख़ुद से खफा हैं,
जो हुआ करते थे हम अब वो कहाँ हैं,

हम नहीं बोलेंगे ख़ुद से तब तलक अब,
जब तलक दिल में जहाँ के ग़म निहाँ हैं,

हमने अपने वास्ते सोचा न कुछ भी,
उस पे ये इल्ज़ाम हम पर,बदजुबां हैं,

देखते भी क्या कभी खुशियों की जानिब,
हम निशाने ही फ़क़त वक़्त-ए-गिराँ हैं,

टुकड़े टुकड़े ज़िन्दगी बिखरी रही बस,
अपनी किस्मत में लिखे ग़म के निशाँ हैं,

यक़-ब-यक़ हमको हुआ महसूस ऐसा
दिल अकेला है ग़मों के कारवां हैं!

***

5
उर्मिला माधव
अब ज़रूरी हो गया राहें बदलना

अब ज़रूरी हो गया राहें बदलना,
ख़ुद खड़े रहना अकेले है संभलना,

राह को हमवार करना ख़ुद-ब-ख़ुद ही,
और ख़ुद ही वक़्त के साँचे में ढलना,

भीख में क्या माँगना, कोई मुहब्बत,
जिस तरह हो ख़ुद के ही पैरों से चलना,

दम बख़ुद आज़ाद हैं अपने जहां में,
दम बख़ुद छोड़ेंगे गैरों पै मचलना,

दूसरों के दिल पै क्यूँ पाबंदियां हों,
ख़ुद भी आँखों को नहीं रो के मसलना!

***

1

'कैफ़' भोपाली

इस तरह मोहब्बत में दिल पे हुक्मरानी है

इस तरह मोहब्बत में दिल पे हुक्मरानी है
दिन नहीं मेरा गोया उन की राजधानी है

घास के घरौंदे से ज़ोर-आज़माई क्या
आँधियाँ भी पगली है बर्क भी दिवानी है

शायद उन के दामन ने पोंछ दीं मेरी आँखें
आज मेरे अश्कों का रंग ज़ाफरानी है

पूछते हो क्या बाबा क्या हुआ दिल-ए-ज़िंदा
वो मेरा दिल-ए-ज़िंदा आज आँजहानी है

'कैफ' तुझ को दुनिया ने क्या से क्या बना डाला
यार अब मेरे मुँह पर रंग है न पानी है

***

2

'कैफ़' भोपाली

काम यही है शाम सवेरे

काम यही है शाम सवेरे
तेरी गली के सौ सौ फेरे

सामने वो हैं जुल्फ बिखेरे
कितने हसीं है आज अँधेरे

हम तो हैं तेरे पूजने वाले
पाँव न पड़वा तेरे मेरे

दिल को चुराया ख़ैर चुराया
आँख चुरा कर जा न लुटेरे

***

3
'कैफ़' भोपाली
सिर्फ इतने जुर्म पर हँगामा होता जाए है

सिर्फ इतने जुर्म पर हँगामा होता जाए है
तेरा दीवाना तेरी गलियों में देखा जाए है

आप किस किस को भला सूली चढ़ाते जाएँगे
अब तो सारा शहर ही मंसूर बनता जाए है

दिल-बरों के भेस में फिरते हैं चोरो के गरोह
जागते रहियों के इन रातों में लूटा जाए है

तेरा मै-खाना है या ख़ैरात-खाना साकिया
इस तरह मिलता है बादा जैसे बख्शा जाए है

मै-कशो आगे बढ़ो तिश्ना-लबो आगे बढ़ो
अपना हक माँगा नहीं जाता है छीना जाए है

मौत आई और तसव्वुर आप का रूख़सत हुआ
जैसे मंज़िल तक कोई रह-रौ को पहुँचा जाए है

***

4
'कैफ़' भोपाली
तेरा चेहरा कितना सुहाना लगता है

तेरा चेहरा कितना सुहाना लगता है
तेरे आगे चाँद पुराना लगता है

तिरछे तिरछे तीर नज़र के लगते हैं
सीधा सीधा दिल पे निशाना लगता है

आग का क्या है पल दो पल में लगती है
बुझते बुझते एक ज़माना लगता है

पाँव ना बाँधा पंछी का पर बाँधा
आज का बच्चा कितना सयाना लगता है

सच तो ये है फूल का दिल भी छलनी है
हँसता चेहरा एक बहाना लगता है

सुनने वाले घंटों सुनते रहते हैं
मेरा फसाना सब का फसाना लगता है

'कैफ' बता क्या तेरी गज़ल में जादू है
बच्चा बच्चा तेरा दिवाना लगता है

***

5
'कैफ़' भोपाली
थोड़ा सा अक्स चाँद के पैकर में डाल दे

थोड़ा सा अक्स चाँद के पैकर में डाल दे
तू आ के जान रात के मंज़र में डाल दे

जिस दिन मेरी जबीं किसी दहलीज़ पर झुके
उस दिन खुदा शगाफ मेरे सर में डाल दे

अल्लाह तेरे साथ मल्लाह को न देख
ये टूटी फूटी नाव समंदर में डा ल दे

ओ तेरे माल ओ ज़र को मैं तक्दीस बख़्श दूँ
ला अपना माल ओ ज़र मेरी ठोकर में डाल दे

भाग ऐसे रह-नुमा से जो लगता है ख़िज्र सा
जाने ये किस जगह तुझे चक्कर में डाल दे

इस से तेरे मकान का मंज़र है बद-नुमा
चिंगारी मेरे फूस के छप्पर में डाल दे

मैं ने पनाह दी तुझे बारिश की रात में
तू जाते जाते आग मेरे घर में डाल दे

ऐ 'कैफ' जागते तुझे पिछला पहर हुआ
अब लाश जैसे जिस्म को बिस्तर में डाल दे

***

1

कुसुम ख़ुशबू

ज़ख़्म देता है बार बार हमें

ज़ख़्म देता है बार बार हमें
वो बना देगा शाहकार हमें

हाशिए पर खड़े हैं हम कब से
अपनी ग़ज़लों में अब उतार हमें

हम हैं ज़र्रों में हम सितारों में
जाओ करते रहो शुमार हमें

इसकी आमद पे दिल लरज़ता है
ज़ख़्म देती है ये बहार हमें

तू कभी शोख़ है कभी सादा
तुझपे आने लगा है प्यार हमें

एक क़तरे की प्यास थी लेकिन
दे दिया तुमने आबशार हमें

हमको जीना था जी लिये ख़ुशबू
कब तुम्हारा था इंतज़ार हमें

***

2

कुसुम ख़ुशबू

ख़ार रख दो गुलाब ले जाओ

ख़ार रख दो गुलाब ले जाओ
हां यही इंतेख़ाब ले जाओ

उन चरागों में रोशनी कम है
मेरे चेहरे की ताब ले जाओ

मैंने पहरों तुम्हीं को सोचा है
तुम ग़ज़ल का ख़िताब ले जाओ

तुमको हर पल नया उरूज मिले
मेरे सारे सवाब ले जाओ

बाग़बां ने कहा खिज़ाओं से
हर कली का शबाब ले जाओ

मेरी ख़ामोशियों को समझो तुम
और सारे जवाब ले जाओ

मेरे अल्फ़ाज़ बामआनी हैं
आओ ख़ुशबू ये बाब ले जाओ

***

3

कुसुम ख़ुशबू

कभी घर से बाहर भी आकर तो देखो

कभी घर से बाहर भी आकर तो देखो
ज़माना है क्या आज़माकर तो देखो

तबस्सुम तुम्हारे भी लब चूम लेना
किसी ग़मज़दा को हंसाकर तो देखो

तुम्हें इक अनोखी ख़ुशी सी मिलेगी
किसी के कभी काम आकर तो देखो

महब्बत की बातें बहुत हो चुकी हैं
वतन का भी अब गीत गाकर तो देखो

उड़ानों के क़िस्से सुनाएगा ख़ुशबू
किसी टूटे पर को उठाकर तो देखो

***

4

कुसुम ख़ुशबू

तुम्हारा साथ पल पल चाहती है

तुम्हारा साथ पल पल चाहती है
ज़मीं प्यासी है बादल चाहती है

मुसलसल क़ैद से उकता गई है
ये चिड़िया कोई जंगल चाहती है

मेरी चाहत की ये क्या ज़िद है आख़िर
जो तुम पर हक़ मुकम्मल चाहती है

घटा बरसात की पागल दीवानी
मिरी आंखों का काजल चाहती है

उजालों ने वो साजिश की कि ख़ुशबू
अंधेरे अब मुसलसल चाहती है

***

5

कुसुम ख़ुशबू

जब ख़यालों में तू उतरता है

जब ख़्यालों में तू उतरता है
वक़्त भी झूम कर गुज़रता है

मुझको हैरत से देखने वालो
ग़म से इंसां यूं ही बिखरता है

जब मैं जलती हूं शम्मा की मानिंद
इक पतंगा तवाफ़ करता है

तू परिंदा है शान से उड़ जा
शाख़ दर शाख़ क्यों ठहरता है

एक वो दिन कि तू हमारा था
एक ये दिन कि तू मुकरता है

तू भी मासूम है बहुत ख़ुशबू
इस क़दर कौन प्यार करता है

***

विषय-सूची

www.ingramcontent.com/pod-product-compliance
Lightning Source LLC
LaVergne TN
LVHW050804051026
849532LV00008B/2959
* 9 7 8 9 3 6 9 0 8 3 2 5 1 *